不掌控的自由
一位跛腳聖哲的黃金智慧

2000 年來影響皇帝、偉大領袖、
成就非凡人士的命運沉思錄

The Encheiridion

愛比克泰德（Epictetus）──著
張家瑞──譯

New Life 33

不掌控的自由・一位跛腳聖哲的黃金智慧
：2000年來影響皇帝、偉大領袖、成就非凡人士的命運沉思錄

原著書名　The Encheiridion
原書作者　愛比克泰德（Epictetus）
譯　　者　張家瑞
封面設計　林淑慧
主　　編　劉信宏
總 編 輯　林許文二

出　　版　柿子文化事業有限公司
地　　址　11677 臺北市羅斯福路五段 158 號 2 樓
業務專線　（02）89314903#15
讀者專線　（02）89314903#9
傳　　真　（02）29319207
郵撥帳號　19822651 柿子文化事業有限公司
投稿信箱　editor@persimmonbooks.com.tw
服務信箱　service@persimmonbooks.com.tw
業務行政　鄭淑娟、陳顯中

初版一刷　2024 年 04 月
定　　價　新臺幣 320 元
I S B N　978-626-7408-32-2

國家圖書館出版品預行編目 (CIP) 資料

不掌控的自由・一位跛腳聖哲的黃金智慧：2000 年來影響皇帝、偉大領袖、成就非凡人士的命運沉思錄 / 愛比克泰德（Epictetus）著；張家瑞譯.
-- 一版. -- 臺北市：柿子文化事業有限公司, 2024.04
面；　公分. -- (New life；33)
譯自：The Encheiridion
ISBN 978-626-7408-32-2（平裝）
1.CST: 古希臘哲學 2.CST: 人生哲學
141.61　　　113004760

但凡想得到自由的人，
都不該渴望或企圖逃避任何由他人所掌控的事物。

「當時許多知識分子和哲學家都讀過這本書，並給予高度評價。它是法國哲學和散文寫作的先驅。」——米歇爾．德．蒙田（Michel de Montaigne）。

詩人華特．惠特曼（Walt Whitman）在十六歲時發現了這本書，而且這是他會時常反覆翻閱的書，在晚年，他稱這本書：「對我來說是神聖的、珍貴的。我已經擁有它這麼久了——以如此熟悉的方式生活在一起。」

【推薦】

實現心靈自由，安心過好每一天

凌健，三餘讀書會執行長

愛比克泰德是古羅馬時期的一位希臘哲學家，著名的斯多葛派學派的代表人物。他的教義被學生阿里安（Arrian）記錄並傳承下來，其中一部分被整理成本書。這些精要的語錄，是一部充滿人生智慧的箴言集，諸如：

- 不自律的人是不自由的。
- 我們有能力選擇對外在事件的反應。

・人們不是被事物所困擾，而是被他們對事物的看法所影響。

・善加利用你所能掌握的，對於其他的，接受它們發生的事實。

・重要的不是發生在你身上的事，而是你如何對待它。

・智者不為他所沒有的而悲傷，而是為他所擁有的而感到歡喜。

・我們有兩只耳朵和一張嘴，是為了我們可以多聽兩倍於說話。

・我們無法選擇外在的環境，但我們總是能夠選擇如何應對它們。

愛比克泰德認為人們的困擾不是來自事情的本身，而是來自對事情的看法。人們能夠控制的自身行動、思想和反應的範疇。如果我們一輩子都在試圖改變那些無法改變的事情，一定會感到沮喪、無力、焦慮、沮喪、沒有動力，甚至不快樂。

所以要冷靜客觀地接受自己無法改變的命運，特別是對於那些超出我們控制範圍的事物。

我們無法掌控的事物是身體、財產、名望、命令，這些行為之外的東西。我們能夠控制的是自己的觀念、傾向、欲望、好惡，自己的一切行為。我們應該專注於可以掌握和改變的事物，接受那些超出個人掌控範圍的事物，並學會以平靜的心態應對，而不是困擾於那些超出能力的事務。

真正的自由是一種內在的狀態，而不是外部環境的結果。個人可以在心靈上實現自由，即使外部狀況不如意，也可以保持內在的平靜；以理性和冷靜來回應外界事件，而不是受情感所驅使；情感和欲望是來自於錯誤的判斷，因此應該通過培養情感節制和理性思考來克制它們。

我們應該學會區分可以控制的事物和無法控制的事物，並專注於自己可以改變的方面。

本書中的這些語錄對於人生的哲學看法，著重於實際行動和理性思考，鼓勵人們保持內在的獨立和自由，同時通過自我控制和心靈修煉來應對生活中的種種挑戰。值得一讀！

做好自己

潘小雪，東華大學藝術學院前院長

閱讀幾頁二千年前希臘哲學家愛比克泰德的書，心情就有被安頓的感覺，如果每天閱讀幾頁，必定受用無窮。

在這喧囂複雜的時代，什麼都有卻什麼都是空的，活在徒勞無功的日子裡，要安心過每一天委實不容易，所以這個生活哲學確實非常重要。

我們對蘇格拉底、柏拉圖、亞里斯多德一脈相承的所謂西方正統哲學，有著系統性的認識，且不陌生，但對於早期生命哲學學派卻不熟悉，甚或刻意忽略，例如斯多葛學派或犬儒學派，他們正好是那些對正統哲學喪失信心的一群思考者，非常珍貴。

西方正統哲學發展不久就壟罩在柏拉圖巨大的陰影下發展，形成德國觀念論，否定現實，擁抱觀念。這要追溯柏拉圖哲學所造成的「靈肉二元」、笛卡兒所塑造的「心物二元」，都使人們的意識與自然斷裂，形成這種思維的存在危機。

所以，存在主義出現了，用「存在決定本質」替代「本質決定存在」，今日，我們回過頭來再看斯多葛學派，就覺得他們非常有智慧。

安心過每一天，並不是玩世不恭、及時行樂、耍廢、找小確幸，而是對生命深刻覺知之後的自我節制與道德自明，從欲望之下解放出來的道德才是真正的自由，一旦擁有，就絕對不會再失去。

斯多葛學派比起犬儒學派擁有完整邏輯與自然哲學，例如時間無限的探討，會使人進入永恆時間，把自己成為內在於世界整體的一部分，「做好自己」專注於「所能掌控的事物」，這時候人就能安心過好每一天了。

閱讀智慧才能累積智慧

鄭俊德，閱讀人社群主編

有一本書，曾被亞當．史斯密、班傑明．富蘭克林、湯瑪斯．傑佛遜、米歇爾．德．蒙田、華特．惠特曼等知名大師閱讀後大力推崇，但多數人不一定知道！

那麼，現在的你終於有機會掌握這些智慧了。

這本書就是古典哲學斯多葛學派的經典文本《The Encheiridion》。

這本書的內容不厚，卻充滿智慧的結晶，讀來言簡意駭，讓人再三回味，以下摘錄三段佳句，以及我個人閱讀體悟反思。

一、「你要拋卻所有的欲望，因為如果你想得到非你能力所能掌控之事，你必會因此而受苦。」

人心因著欲望而受困，但要拋卻所有欲望又太過不切實際，而這句話我看見的重點是「如果你想得到非你能力所能掌控之事」，這也提醒了我，在乎的事情可以很多，但真正能使我們獲得快樂的，是我們能掌握的。掌握好我們的專業，控制好我們的專注力，安排好自己的時間，持續在正確的事情上累積，才能夠創造人生的意義感與成就感。

二、「疾病會阻礙身體健康，但不能阻撓我們的意志，除非意志自甘墮落。你會發現，受到阻礙的是事情本身，而不是你自己。」

這讓我想起許多偉大且令人佩服的勇者，例如杏林子老師十二歲時，罹患類風濕關節炎，從此與輪椅、病房、藥罐結下不解之緣，但卻用溫暖的文字與幽默的筆觸影響世界。當然，更包括黃美廉博士，儘管從小罹患腦性麻痺，卻努力用藝術傳遞美。世界知名的英國理論物理學家史蒂芬．威廉．霍金（Stephen William Hawking），儘管罹患漸凍症，卻也持續投入科學的研究以及對宇宙真理的探尋。

所以，身體的限制與疾病不能限制我們心靈去追求自由與夢想。

三、「當你受到謾罵、打擊或羞辱的時候，令你感到羞辱的不是行為者本身，而是你自己對那些行為的看法。要明白，別人無法傷害你，除非你選擇被傷害，當你認為自己受到傷害時，你才會受到傷害。」

傷害，除非是物理性的攻擊，造成身體上的殘缺或是流血，否則多數時候的只是情緒體驗的不同。

過去當兵常聽到一句話：「合理的要求是訓練，不合理的要求是磨練。」在部隊的三千公尺跑步或是拉單槓等體能訓練中，有的人叫苦連天，有的人則樂此不疲，欣然看見自己一天天堅強的體魄成長。所以相同環境，有人抱怨、有人欣喜，而這一切都只是個人體悟不同的差異。

最後，也再次用書中提到的「寧願被人認為你無知，也不要期望別人認為你無所不知。」學海無涯，而這本書承載了古人先賢的智慧，值得好好地細細品味。

找到生活與生命最真的意義與價值

簡宏志／彼得教練，心靈療癒導師

在這個嘈雜而瞬息萬變的世界裡，我們往往迷失在瑣碎的事務中，忘記了內心最深處的聲音和渴望。

愛比克泰德的智慧就像一盞明燈，在黑暗中照亮我們前行的方向，提醒我們生活中真正重要的事情。

從「由內」、「而外」到「自覺」，這三個部分涵蓋了豐富的心靈旅程，提供了寶貴的洞察和指引，讓我們更了解自己，並在這個世界中找到平衡和意義。

在「由內」單元中，我們被引導去探索自我所能掌控的事物，並學會接受無法改變的事實。這部分強調了心靈的平靜和真實認知，讓我們能夠更好地應對生活的挑戰和變化。

「而外」單元提供了有關生活準備和自我成長的重要觀念。我們被提醒，要隨時做好迎接生活挑戰的準備，並在困難時保持堅韌和自律，這是成熟和有智慧的表現。

最後，在「自覺」的單元，我們被教導要審視自己的價值觀和行為模式，從中成長和學習。這部分鼓勵我們要保持謹慎和自省，以更全面的方式來理解自我和他人。

在我多年心靈療癒及輔導的經驗中，深知人們內心深處的渴望，渴望尋找生活中更深層的意義，去追求真正的自由與幸福。在本書中，我們被帶領著走向內心的旅程，去探索自己的內在世界，並尋找真正屬於自己的生活之道。

這是一種智慧的引導，讓我們能夠更有力量和智慧地去應對生活中的各種挑戰和困境。

首先，它提醒我們要意識到自己所能掌控的事物，這不僅包括我們的行為和反應，還包括我們的思想和情感。通過意識到這一點，我們可以開始建立起對生活更積極的控制力，從而更好地應對各種挑戰和變化。

其次，提到了追求和迴避的問題。它教導我們要勇於追求目標和夢想，同時也要學會接受失去和放棄。這種平衡是心靈成長中不可或缺的一部分，讓我們更加堅韌和有彈性。

此外，還探討了與神明的關係，以及對生活意義的追求。通過建立與神明的聯繫，我們可以找到內在的安寧和指引，並在日常生活中體驗到更深層次的意義和目的。

最後，強調了心靈成長的持續性和過程性。它提醒我們要不斷地學習和成長，並尋找那些讓我們感到活著的事物和經歷。透過不斷地反思和探索，我們可以在這個旅程中找到更多的喜悅和滿足。

總的來說，這本書為我們提供了一系列深邃的視角與註解，幫助我們可以更好地理解自己，來發現內在的力量和智慧，並在生活中實踐更有意義的存在。

愛比克泰德的智慧與教導不僅是一個哲學體系，更是一個生活的實踐指南，引導我們走向心靈的自由、內在的和諧與生活的藝術，活出一種真正屬於自己的生活。

就讓我們一起來深入探索，從愛比克泰德的言語中汲取力量，走向心靈的深處，找到生活與生命最真的意義與價值。

【具名推薦】

洪仲清，臨床心理師

謝哲青，作家、旅行家、知名節目主持人

鐘穎，心理學作家／愛智者書窩版主

PART 2

而外

PART 3 自覺

愛比克泰德雕刻版畫肖像，來源於 1715 年拉丁文譯本。

關於愛比克泰德

愛比克泰德的一生鮮為人知，據說他出生於弗里幾亞（Phrygia）的希拉波利斯（Hierapolis），那是一個位於邁安德河（Maeander）及其支流萊卡斯河（Lycus）之間的城鎮。在《保羅致歌羅西信徒書信》（第四章第十三節）中有提到希拉波利斯，後人由此推斷，那個地方在基督教早期傳教期間，曾有個基督教教會。

愛比克泰德的出生日期不詳，跟他早年有關的唯一紀錄是，他曾在羅馬做過奴隸，主人以巴弗提（Epaphroditus）是尼祿皇帝（Emperor Nero）的手下，也是個自由享樂主義者。

對於愛比克泰德的跛腳，有一說是指愛比克泰德曾遭受折磨，被他的主人打斷了腿；不過，比較可信的說法來自《愛比克泰德手冊》（The Enchiridion，亦是本書《不掌控的自由．一位跛腳聖哲的黃金智慧》的原典）評註者辛普利修（Simplicius），他說愛比克泰德體弱多病，年輕時便跛腳了。

沒有人知道他是怎麼成為奴隸的，現代的說法主張他自幼就被父母賣掉。然而，我並沒有找到任何關於這種說法的可靠證據。

❋

也許是這個奴隸顯露了才華，所以他的主人允許他、或把他送去參加著名的斯多葛派哲人莫索尼烏斯・魯弗斯（C. Musonius Rufus）的講學。一個主人希望他的奴隸成為哲學家，這種事聽起來或許很詭異，但是《愛比克泰德之書評註》的作者卡尼爾（Garnier）在和史維格澤（Schweighaeuser）的通訊中解釋得很清楚。

卡尼爾說：「愛比克泰德出生於希拉波利斯的貧窮家庭，對於意外受惠於良好教育，顯然感銘於心。教育在羅馬共和國晚期和第一位羅馬皇帝統治時期都很普遍，很多羅馬的重要人士會把他們的奴隸視為文法學者、詩人、演說家和哲學家，就如同這個時代中富有的金融家，不惜撒下大把銀子，去建立庫藏豐富且浩瀚的藏書室一樣。

這種推測是唯一的解釋，不然，一個生來貧窮又虛弱的孩子，怎麼能夠接受良好的教育？又怎麼能夠成為帝國防衛軍官員以巴弗提手底下學問紮實的斯多葛派哲人奴隸？我們不得不懷疑那是斯多葛學派的信念偏好，所以身為尼祿皇帝密友的驕奢大臣就是想要一個這樣的奴隸，是很合理的推測。」

❋

有些學者推測愛比克泰德的主人歸還了他的自由之身，不過我沒有找到任何證據來支持這種說法。尼祿偕同以巴弗提躲避敵人，一起逃出羅馬，這位暴君之後在以巴弗提的協助下自殺，下場悲慘，後來圖密善（Domitian）皇帝（蘇埃托尼烏斯〔Suetonius〕，《圖密善傳》）便以這個理由賜死了以巴弗提。

我們可以由此推論，愛比克泰德以某種方式獲得了自由，然後開始在羅馬教學。

但是，自公元八十九年圖密善將所有哲學家驅逐出羅馬之後，他便退居到伊庇魯斯（Epirus）的尼科波爾（Nicopolis）。這座城市是奧古斯都（Augustus）為了紀念在亞克興（Actium）的勝利而建造的。愛比克泰德在尼科波爾創設了一間學校或講學室，一直教學到老，卒年不詳。

我們從琉善（Lucian）的作品（《德摩納克斯傳》〔Demonax，曾為琉善的老師〕）中得知，愛比克泰德終生未娶。

然而，當愛比克泰德指責德摩納克斯之時，他卻忠告後者要娶妻生子，他說：「在世間留下自己的後代，是一位哲學家的責任。」德摩納克斯則駁斥道：「那麼，愛比克泰德，把你的一位女兒嫁給我吧。」

辛普利修說（《評註》，公元四十六年，史維格澤編纂）愛比克泰德活得很長壽，他曾經請一位婦女到家裡照顧孩子，那是他的一位朋友因為生活貧困而打算遺棄的孩子，而愛比克泰德收養了那個孩子，將他撫養長大。

❋

愛比克泰德本身並沒有寫下任何作品，我們所知道以他的名字傳世的書，是由一位充滿孺慕之情的學生阿里安所寫的，這位亞歷山大大帝時期的史學家後來告訴我們，他以文字將那位哲人的論述記錄下來（《阿里安致盧修斯．格利烏斯書信》），這些論述被編纂成八卷，現存的只剩四卷（希臘文書名：Epichateton diatribai）。

辛普利修在對《愛比克泰德手冊》的評論中提到，這部作品也是由阿里安匯集整理的，是從愛比克泰德的論述中，選取了他認為最有用、最重要、最能夠影響人心的部分，編纂成《愛比克泰德手冊》。辛普利修也提到，《愛比克泰德手冊》的內容幾乎完全來自於愛比克泰德《論說集》（Discourses）的各個章節，文字也完全相同。

阿里安另寫了一本書，講述愛比克泰德的生平和死亡。這位哲學家勤勉好學的一生事跡或許不多，也不引人注目，但值得我們高興的是，這部作品被保留了下來，正如辛普利修說的，它讓我們得以窺探愛比克泰德的內心世界。

喬治·朗

關於斯多葛主義

斯多葛主義的源起

大約在西元前三〇〇年左右，來自西蒂姆（Citium，今塞浦路斯）的富商齊諾（Zeno of Citium）到雅典學習哲學，之後以犬儒派的道德觀念為基礎，強調順應自然的美德，並從中獲得善良與內心的平靜，從而創立了斯多葛學派，且奠定了學派基礎。

斯多葛派這個名字最初來自古希臘語「ἡ ποικίλη στοά」，意思是「彩繪門廊」。據說，齊諾曾經在雅典的一個彩繪門廊下發表演講。

之後的三個世紀裡，斯多葛主義擴展成為除了柏拉圖學派外，在希臘和整個羅馬帝國中最具影響力的理論學派。

齊諾的繼任者克林西斯（Cleanthes）和克里西波斯（Chrysippus），將斯多葛學派推向了更高的高度，塑造了現在所謂的「斯多葛主義」。

西元前一五五年左右，不同的希臘學派被邀請到羅馬參加外交談判，其中斯多葛學派的哲學家讓羅馬人留下了深刻印象，也因為這一事件，後來的哲學重心便從雅典轉移到了羅馬。

斯多葛主義更在希臘化世界和羅馬帝國的精英中，成為最流行的哲學，英國古典學者吉伯特．穆雷（Gilbert Murray）便說：「幾乎所有亞歷山大的繼承者……都宣稱自己是斯多葛學派。」

之後的代表思想家，有羅馬帝國大臣塞內卡（Lucius Annaeus Seneca）、身為奴隸的愛比克泰德，以及羅馬皇帝馬可斯．奧理略．安東尼努斯（Marcus Aurelius Antoninus）。

但自四世紀基督教成為羅馬帝國國教後，斯多葛主義便開始衰落。從那時候起，斯多葛學派有過多次的復興運動，包括文藝復興時期的新斯多葛主義，以及現今的當代斯多葛主義。

什麼是斯多葛主義？

斯多葛主義不僅是一種知識哲學，也是一種生活方式。而作為一個哲學體系，它所關注的是實踐智慧。

斯多葛主義主張能自我克制，以及面對困頓情緒時的堅毅，認為人們應當致力成為一個專注、心志不偏移的思考者，只有這樣才能理解宇宙的因由。

其哲學基礎是美德，是最高的善，強調人類知識的發展應當以道德為先，同時也關注人與人之間的關係，主張人們應當「拋棄憤怒、怨恨和妒忌」，並且認為即使是奴隸，也和大家是同樣的人，因為所有人類都是自然的產物。

現代斯多葛派的馬西莫．皮格利奇（Massimo Pigliucci，義大利裔美國哲學家和生物學家）以更全面的方式描述這一哲學。他指出：「斯多葛主義的一般理論是，我們可以且確實應該以結構化和連貫性的方式過我們的生活。生活就像一個正在進行的項目，主要在實現一組理想的（儘管可能無法實現）目標或願望。」

所以，對斯多葛學派的人來說，重點在實現目標的過程或手段，而不是目標本身。

因此，如果你喜歡寫作，你應該要用盡所有的選擇，成為世界上最好的作家。你或許可能無法達成目標，但你也不會因為沒有全力以赴地投入所熱愛的事情，而會感到遺憾。

簡單地說，追求道德和智力的完美，是斯多葛主義的核心。

這裡特別提出一個核心原則，此原則強調：你應該調整自己渴望宇宙允許的東西，而不是追求不被宇宙允許的東西。也就是說，要專注在你可以控制的事件上（你自己的行為和行動），而不要為了那些你無法控制的事件徒生煩惱。

斯多葛主義的代表人物愛比克泰德，曾分享了一個有趣的比喻：一隻狗被拴在一輛移動的手推車上。所以，狗要嘛卯足全力對抗移動的車子，然後讓自己受到傷害而痛苦，要嘛就是小心翼翼地跟著車子走動，並欣賞沿路的風景。

結論是，要控制可控的事情，並坦然接受結果。

至此，我們可以說，斯多葛主義是追求自我克制、毅力和智慧的工具：人們用它來過美好的生活，而不是沉入某些深奧的學術探究領域。

當然，歷史上還有許多偉大的思想家，不僅能理解斯多葛主義的真正意義，而且還積極地尋求、實現，他們有：喬治・華盛頓（George Washington，美國第一任總統）、華特・惠特曼（Walt Whitman，美國詩人、散文家）、腓特烈大帝（Frederick the Great，十八世紀普魯士國王）、毆仁・德拉克洛瓦（Eugène Delacroix，法國浪漫主義藝術家）、亞當・史斯密（Adam

Smith，蘇格蘭哲學家和經濟學家）、伊曼努爾．康德（Immanuel Kant，啟蒙時代德國哲學家，德國古典哲學創始人）、托馬斯．傑佛遜（Thomas Jefferson，美國第三任總統）、馬修．阿諾德（Matthew Arnold，英國近代詩人、評論家、教育家）、安布羅斯．比爾斯（Ambrose Bierce，美國記者、諷刺小說作家）、西奧多．羅斯福（Theodore Roosevelt，老羅斯福，美國第二十六任總統）、威廉．亞歷山大．珀西（William Alexander Percy，美國律師、植物園主和詩人）、拉爾夫．愛默生（Ralph Waldo Emerson，美國思想家、文學家）……等。他們每個人都閱讀、研究、引用或欽佩斯多葛學派。

近幾十年來，對古代斯多葛哲學的研究又再次興起，且有越來越流行的趨勢，作為一種不僅是研究、而且是實踐的參考手冊，《不掌控的自由．一位跛腳聖哲的黃金智慧》被多次引用、編輯和翻譯，這本書將斯多葛的中心思想提煉成更簡單的形式，其中還包含了許多格言，是進入斯多葛哲學的必讀經典。

你今天斯多葛了嗎？

讓我們一起來安心過好每一天吧！

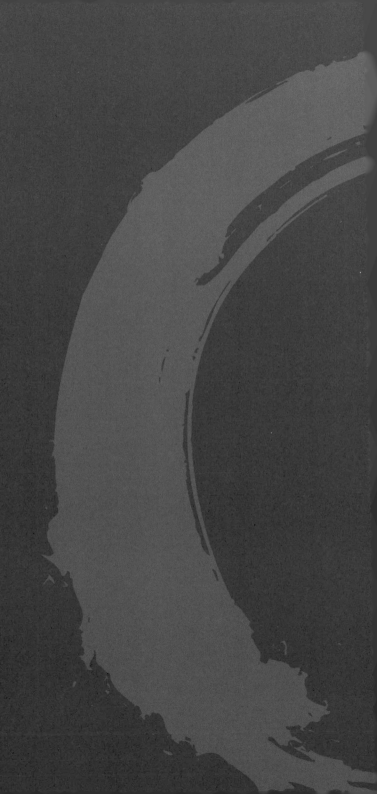

PART 1

由內

我們能掌控什麼？

有些事情是我們能掌控的，但有些不能。

我們所能掌控的有見解、追求、欲望、厭惡、拋棄等等，換言之，就是我們一切的自主行為。

我們不能掌控的有身體、財物、名聲、長官的指令等等，換言之，就是一切不屬於我們自主行為的事物。

我們所能掌控的事物在本質上是自由的，不會受到束縛或阻礙；而我們不能掌控的事物則是脆弱的、被動的，會受到奴役、束縛，以及他人的控制。

記住，如果你認為在本質上受到奴役的東西是自由的，受制於他人的東西也能受制於你，那麼你將會遭受阻礙，你會悲嘆，你會受到干擾，你會怨天尤人。

但是，如果你認為只有你能掌控的事物才是自己所擁有的，而掌握在別人手中的都與你無關，那麼就沒有人可以脅迫你、阻撓你，你也不會責難和歸咎於任何人，也不會做出違背自己意志的事情，更沒有人能夠傷害你。

你沒有敵人，因為你不會受到任何傷害。

如果你想完成這種偉大的目標，切記，你必不能為了實現目標而輕易地受制於人，你反而要完全放棄和暫緩某些事情。

假如除了這些偉大的目標之外，你還想同時擁有權力和財富，那你可能連一點權力和財富都得不到，因為目標太多，在追尋的路上必然遭受挫敗，也追求不到保障幸福和自由的偉大目標。

現在，你馬上去對所有的困難說：「你不過是虛有其表，困難只是個假象罷了！」然後用你的原則去檢視它，看看它是不是你的力量所能掌控的事。如果它不是你的力量所能掌控的事，它便與你無關。

追求和迴避

記住，欲望會驅使你去得到你想要的東西，去厭惡會讓你避開的討厭東西；得不到想要的東西是不幸，避不開討厭的東西亦是不幸。

如果你企圖避開違反本質的東西，而且那也是你力所能及之事，你就不會遇上任何想避開的東西。但如果你想避開疾病、死亡或貧窮等無法掌控之事，你將會變得不快樂。

所以，不需要去厭惡那些你無法掌控的事情，你可以將厭惡視為本質上與力所及之事相反的東西。你要拋卻所有的欲望，因為如果你想得到非你能力所能掌控之事，你必會因此而受苦；反觀那些你能力所能掌握之事，才是你可以追求的，因為眼前已然沒有任何事情能夠阻擋你。

要謹慎運用追求和迴避的力量，即使是面對微小的事物，也都必須謹慎對待。

認知本質

對於為靈魂帶來喜悅、滿足欲望或被愛的一切事物，你要問自己：它們的本質是什麼？

假如你喜歡一只陶土瓶，那就告訴自己，你所喜歡的只是一般的陶土瓶，那麼當它被打破時，你才不會因此苦惱。在你親吻孩子或妻子的時候，告訴自己，你所親吻的是個普通人類，那麼在他們離世之後，你才不會因此痛苦。

心靈的安適

在採取任何行動之前，記得提醒自己，那是一種什麼樣的行為。

假設你要去浴場洗澡，試想，洗澡時會發生什麼事：有人會把水潑濺出來，有人互相推擠，有人惡言相向，也有人會趁機偷東西；因此，你做的安全措施愈多，你才能把事情做得愈好。

你可以對自己說：「現在我要進去浴場了，我要保持心靈上的舒暢安適。」然後你的每個行為才能合宜得體。

一定要先準備好這樣的想法，萬一發生了什麼阻礙，你才能泰然自若的應付。你要告訴自己：「我想要的不僅是維持心靈上的舒暢安適，還要做到對任何事情不會動輒發怒的程度。」

萬事自有軌道

不要強求事情的發展都能如你所願，你所能期望的是，事情的發展自有它的軌道；做到這一點，你才能過著寧靜安適的生活。

失去與歸還

不要說我失去了什麼，要說我歸還了什麼。

假如你的孩子死了，他只是回到他的來處；假如你的妻子過世了，她也只是回到她的來處。

你覺得自己的房子被奪走了嗎？那麼它是不是也只是恢復到原本不屬於

你的狀態而已？

可是你說：「奪走我房子的是個壞人啊！」但你為什麼要在意當初把房子給你的人，是透過誰的手再要回去？你只需要把它當做別人的東西來照顧即可，就像旅人對待旅舍那樣。

不要自尋煩惱

假如你想提升自我，你就要拋卻這樣的想法：「我如果不去管那些大大小小的事情，我的生計便會出現問題；我如果不懲戒一下奴隸，他就會變壞。」

就算是餓死，但如果能因此免於悲傷和恐懼，也好過活在多如牛毛的煩惱中；所以，寧願讓奴隸變壞，也不要讓自己變得不快樂。

就從小處做起，不小心把油灑出來了嗎？酒被偷了一點嗎？遇到這些狀況時，告訴自己：「這只不過是免於煩惱的代價，這只不過是得到安寧的代價，沒有什麼是不用付出代價的。」

當你叫喚奴隸時，他或許沒聽到；就算他聽到了，他或許無法按照你的意思把事情做好。但這是他的問題，不是你的問題，你不需要為了掌控在他手上的事情而自尋煩惱。

看清事實的表象

當你看到一個人因為孩子離家或死亡而哭泣，或因為失去了財產而哭泣，要當心了！因為你所看到的，可能只是事情的表象。

你要立刻看清事實，並有所判別：困擾這個人的不是事情本身，因為同樣一件事情，卻不會令別人苦惱，所以是這個人對這件事情的想法令他苦惱。

不過，即使情況如此，你不要不願意在語言上向他表達同情，而要與他一起哀悼。但要注意，你的內心不要也在哀悼。

所有預兆皆吉兆

當你聽到象徵厄運的烏鴉叫聲時，千萬別為事情的表象而憂心或煩心，你要立刻看清事實，告訴自己：

「這些事情對我來說一點都不重要，它們不會為我的健康、財產、名聲或我的孩子與妻子帶來負面影響。而且我願意選擇把所有的預兆都視為吉兆，因為不管結果如何，我都有能力從中獲得好處。」

沒人可以羞辱你

記住，當你受到謾罵、打擊或羞辱的時候，令你感到羞辱的不是行為者本身，而是你自己對那些行為的看法。

那麼，當有人惹惱你的時候，你一定要知道，讓你惱火的是你對那件行為的看法。因此，你務必要努力讓自己不受到事情表象的影響。假如有時間放慢腳步，你便能更妥善地管理自我。

死亡是日常

將死亡和流放等看似可怕的事情，視為在日常生活中會發生的普遍狀況，尤其是死亡。那麼，你就不會心壞惡念，也不會貪求任何事物。

成為真正的智者

假如你為了取悅他人而在意外在事物，那麼，你已經失去了生活的目標。身為一個哲學家，要懂得對周遭的一切感到知足。

如果你希望別人把你當成一個哲學家，你的言行舉止就要有哲學家的模樣，那麼你才能達到這個目的。

隨遇而安

如果有人想把你的身體交給路上隨便遇到的人處置，你會因此而生氣、苦惱。

但你為何要讓路上隨便遇到的人來影響你的思緒？一旦你因為他辱罵你，而感到心煩意亂、寢食難安，你不會因此而感到慚愧嗎？

如何信奉神明

如果你虔誠地信奉神明，要知道，最重要的是你對祂們要有正確的見解，認同神的存在，相信神會公平地主宰萬物，而且你必須堅守自己的責任，也就是在任何事情上都要遵循和服從神的旨意。

甘願順從，你便會得到最精深的智慧。假如你能這麼做，遇到不如意的事情時，你就不會埋怨神明，也不會控訴祂們忽略了你。

亦即見到無法掌控的事情時便迴避，只有在遇到能掌控之事情時才去論好壞，唯有如此，才可能做到符合神的旨意。

假如你覺得無法掌控的事情有好壞之別，那麼一旦事與願違時（你無法如願得到你不能掌控的東西，也無法順利完成你不能掌控的事情），你就會指責和怨恨失敗的原因，將之歸責於上天神明。

因為動物的天性是逃離和迴避顯然有傷害性以及會造成傷害的事物，而不會去遵從和讚賞有用的事物和對事物有幫助的事情。

因此，一個人便不可能想到自己欣喜的想像會是傷害自己的原因，也不可能心悅於傷害本身。

同樣的道理，當一位父親沒把好東西留給兒子的時候，他會受到兒子的唾罵，這正是使波利西斯和伊提克里茲兄弟反目成仇的原因❶，因為他們都想爭奪能為自己帶來利益的皇權。

❶ 波利西斯（Polynices）和伊提克里茲（Eteocles）是希臘悲劇《伊底帕斯》中，弒父娶母的伊底帕斯王的兩個兒子。當伊底帕斯被驅逐時，他將底比斯留給他們去統治。但由於伊底帕斯對他們施加了詛咒，以致他們並沒有和平地分享統治權，反而在爭奪底比斯控制權的戰爭中互相殘殺。

農夫、水手、商人和失去妻子與孩子的人，也會基於同樣的原因謾罵神明，只因為人心的虔誠會隨著個人的利益而搖擺。因此，一個謹慎處理自己欲望和應迴避之事的人，才能夠嚴謹管理自己對神明的虔敬之心。

根據父輩們的習俗，心無雜念地向神明獻酒、獻祭牲禮和初熟的果子，不吝嗇、不粗俗、不簡陋，也不超出我們的能力，是每一個人都應該做到的事情。

如何求神問卜

當你求神問卜的時候，記住，你不會知道事情將變得如何，你只是來求上天的指點。但如果你是一位哲學家，當你來到這裡時，你應該已經知道事情是怎樣的了。

因為，如果求神問卜這件事是我們不能掌控的事，必然無所謂好壞，那麼你也無需在神明面前表現出你對此事的喜愛或嫌惡。

但如果你表現出好惡之心，那麼，當你來到神明面前時，只會感到卑微和恐懼。反之，你要清楚地明白，所有事情無論其結果如何，對你來說都沒差別，只要你能妥善地利用其結果，沒有人能夠妨礙你。

所以，你要懷著自信來到神明面前，請求祂們的指點。當你得到任何忠告時，要記得是誰給予你的忠告，如果你不聽從建議，也要知道你忽略的是誰的建言。如同蘇格拉底所說，任何事情都應該在經過理性的思考，並且用盡取得答案的一切方法後，仍不得其解時，才去求神問卜。

所以，當我們要分擔朋友或國家的危難時，千萬不要去問神應不應該如何。因為即使神明顯示預兆不祥，可能會死亡、身體傷殘或被流放，我們仍應理性思考，即使冒著這些風險，我們也要分擔朋友和國家的危難。

你瞧，偉大的女祭司皮媞亞❷在朋友被謀殺時，卻不施以援手，最後終被趕出神廟。

---

❷皮媞亞（Pythia）古希臘的阿波羅神女祭司，在帕納塞斯山上的德爾菲神廟傳達阿波羅神諭，被認為能預知未來。

心靈至上

人如果把大部分的時間都花在身體的享樂上，像是過度運動、過度吃喝、身體過度放鬆和耽溺於性愛等等，對你的心智是有害而無益的。

這些事情應該被視為次要之事，你應該把所有的注意力都集中在你的心靈上。

思維的謬誤

「我比你有錢，所以我比你優秀。」、「我的口才比你好，所以我比你傑出。」這些論點其實並不成立，因為你本人既不是財富，也不是演說的內容。

能夠成立的論點是：「我比你有錢，所以我的財產比你多。」、「我的口才比你好，所以我的演說比你的精采。」

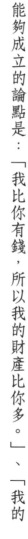

PART 2

而外

做好人生的準備

在航程中，當船停靠在某個港口時，如果你下船玩水，你會一路快樂地撿拾貝殼或球藻，但你應該將心思放在船上，你應該不時地留意船長是否召喚大家登船。

當船長在呼喚時，你必須拋下所有撿拾的東西，否則你會受到羈絆，然後像隻被扛上船的綿羊那般狼狽。

人生也是如此，只是你擁有的不是貝殼和球藻，而是妻子和孩子。任誰也不能阻止你擁有家人，但是當生命的船長在呼喚時，你只能拋下一切，頭也不回地離去。而在你年邁的時候，不要遠離你的船，隨時做好準備，以免得到召喚時，無法從容優雅地離開。

你能追求的事

如果你希望自己的孩子、妻子和朋友能夠得到永生，那你就太愚蠢了，因為你想掌控的是你能力無法掌握的事，你想要的是不屬於你的東西。

因此，如果你想要你的奴隸不犯錯，你就是個傻瓜，因為你希望他所犯的錯誤不是個錯誤。

但是，如果你希望能得到自己所追求的，這是可以做到的。多做練習，熟能生巧是你能夠做到的事情，而且可以讓每個人成為擁有掌控事物能力的主宰。

但凡想得到自由的人，都不該渴望或企圖逃避任何由他人所掌控的事物。如果有人不明白這一點，他必然會遭受奴役，不得自由。

生活就是一場宴席

記住，生活中的一舉一動，都要表現得像在參加宴席一樣。

假如食物傳遞到你面前，你要優雅地伸手去取你要吃的份量。

假如傳遞給別人的食物在過程中經過你面前，別把它扣下來。

假如你想吃的食物還沒傳遞到你面前，不要焦急地引頸企盼，而要靜靜地等它傳遞過來。

用相同的態度來對待孩子、妻子、工作和財富，那麼會有一天你將成為諸神宴席間的嘉賓。

如果你能摒棄欲望，對於面前的食物絲毫不取，甚至不多看一眼，那麼你將不僅是諸神宴席間的一員，也會享有和他們一樣的能力。

第歐根尼❸與赫拉克利特❹之輩，就是此等名副其實的聖人。

---

❸ 第歐根尼（Diogenes）是一位希臘哲學家，也是犬儒主義的創始人之一。

❹ 赫拉克利特（Heracleitus）是古希臘哲學家，也被稱為是「哭泣的哲學家」。

演好自己的角色

記住，你在一齣戲裡不過是編劇筆下的一個角色，他想要故事短一點，便寫得短一點；他想要故事長一點，便寫得長一點。

他也許要你扮演一個窮人、一個瘸子、一個官員或一個隨意的角色，看你是否能演得樸實自然。

你不能選擇角色，但把你拿到的角色演好是你的責任，至於選角，就由編劇去決定。

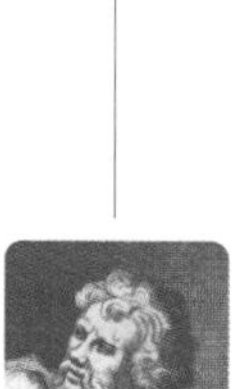

別羨慕或嫉妒別人

如果你不去參加能力無法掌控的賽事，你自然所向無敵，不會遭受挫敗。

如果有一個人在眾人面前備受尊崇，具有聲譽或權力，你別只看事情的表象，就妄自揣測他很快樂。

一旦你懂得掌握此良善之道，就不會羨慕和嫉妒別人，也不會冀望成為一個將軍、參議員或執政官，你所嚮往的會是自由自在。

要做到這點只有一個方法，那便是看淡所有你無法掌控的事情。

能力就是價值

不要讓這個想法折磨你：「我活得不光彩，在任何地方都無足輕重。」

要知道，虛榮是邪惡的，沒有什麼比讓自己涉足卑劣的事情更能令人墮入邪惡。

取得官職或在宴會上被授予榮耀，是你理所當然之事嗎？絕對不是。那麼，追求榮譽又怎麼會是你該在意的事情呢？況且，你怎麼會到哪裡都無足輕重呢？在你能掌控的事情上，你就是很了不起的人物啊，你的能力就是你有價值的保證！

也許你會說：「我幫不上朋友的忙！」但什麼才是「幫忙」呢？縱然你無法提供他們金援，也不能使他們成為羅馬公民，但誰說這些是你該掌握的事情，而不是別人呢？誰又能給別人他自己沒有的東西？

就算你能為朋友提供金援，但他們或許會說：「我們還缺少其他東西。」

朋友啊！假使有一種方法能讓我得到金錢，同時還可以保持謙虛、真誠、寬宏大量的品德，請指點我，我會去嘗試。但如果要求我捨棄自己的良好特質，來幫助你取得不當的利益，那對你有多不公平，也多麼愚蠢啊！

況且，在金錢和真誠、謙虛的朋友之間，你會希望得到哪一個？

所以，如果要做我真誠的朋友，就不要要求我捨棄良好的品德，來助你達到目的。

你可能會說，「既然要不要幫忙操之在我，那我的國家是不是也得不到我的幫助？」我再問你，你指的幫助是什麼？幫助國家可不是你我各自在能力範圍內出點力就行，而是每個人都要完全地把分內之事做好。如果你幫助另一個公民培養忠誠和謙虛的品德，這難道不是對國家有益的事嗎？沒錯，你也不可能對國家一點兒用處都沒有。

你說：「那我該怎麼做？」只要是你能做的都好，但請同時維持你的忠誠和謙虛。試想一下，假如你想做些有益於國家的事，卻要捨棄你的品德，變得忝不知恥和不忠不義，那你對國家還有什麼益處呢？

大自然的意志

我們可以從不去區分事物的歸屬，來學習大自然的意志。

舉例來說，當你鄰居的奴隸打破了主人的杯子或其他東西時，我們會說：「這是常有的事。」那麼你要知道，假如打破的是你的杯子，你的想法應該會和鄰人的杯子被打破時一樣。

即使遇到大事情，也是這個道理。

每當有人失去了他的孩子或妻子時，我們可能會說：「這是他人生中的意外。」但如果死掉的是自己的孩子或妻子，我們恐怕會在當下痛哭哀嚎：「可憐啊，我是多麼不幸啊！」

我們應該記住，當我們聽到別人發生這種事情時的感受。

並無邪惡

正如同設立標記的目的並不是為了錯失目標，所以宇宙中也不會發生本質上不好的事情。

找到應負的責任

一個人所要負的責任，普遍是由關係來衡量的。

這個人是名父親嗎？普遍的觀念是子女要照顧他，一切遵從他的意見，受他責備或責罰時要服從。但假如他是個糟糕的父親呢？你還把他當做慈父一般對待嗎？不，待他如父即可。

你的兄弟會無禮地對待你嗎？那麼，不管他做了什麼，你依然要以手足的關係對待他，但同時你所做的必不能勉強自己，一定要讓自己的心理感到自在。

要明白，別人無法傷害你，除非你選擇被傷害，當你認為自己受到傷害時，你才會受到傷害。

明白這個道理之後，你會從身為鄰居、公民和普通人的關係中，找到自己所應負的責任——如果你都仔細考慮過這些關係的話。

節制的力量

假如你因為任何事情而心生歡喜，要有所警覺，別因此變得飄飄然。

你應該暫緩喜悅之情，先冷靜一陣子，然後想想你享受愉悅時光的樣子，以及當愉悅用盡後，你會如何懊悔和責備自己。

要避免過度沉溺於喜悅，當你懂得節制的時候，你會因此而感到自豪。

假設你有值得欣喜之事，便要當心它帶來的魅力、快樂和誘惑，不能被這些感覺所征服。

做反向思考，當你察覺到自己有節制的力量時，將會感受到勝利的欣喜。

讓欲望符合身體的需求

正如鞋子的大小是以腳來測量一樣，一個人的身體，正是衡量其資產最好的標準。假如你的欲望符合身體的需求，你的分寸就能維持得恰到好處；但如果你的欲望超過了身體的需求，你的處境就相當危險了。

就像穿鞋一樣，如果鞋子的設計超過了腳的需要，例如以鍍金來做裝飾，或染成尊貴的紫色，或繡花鑲邊，那就超出了它實際的用處。

找出解決之道

凡事皆有兩種處理方式，其中一種可行，另一種不可行。

假如你的兄弟對你有不公平之舉，你不要死咬著他不公之處來攻擊，因為這個方法不可行。你要從另外的角度想想，他是你的兄弟，從小和你一起長大，掌握這一點，從中著手，便可找出解決之道。

為自己而做

如果你身體所需的一切消費都很低，不必為此而感到自豪。

如果你節制飲酒，只喝水，也不用逢人便說：「我只喝水。」

要想一想，貧窮的人比我們更節儉，更刻苦耐勞。

假如你想鍛練自己的勞力和毅力，就為自己而做，而不是做給別人看。

一如你口很渴時，就喝口涼水，然後吐掉，不必告訴別人。

活得像個成熟的人

遵守生活中應該遵守的規則，如同那些規則就是法律，如果逾越了便是有罪。

不管別人怎麼說你，都不要放在心上，因為別人的看法都與你無關。那麼，你到底還要遲疑多久，才會覺得自己值得最好的東西，並在任何事情上都不違反明顯的理智？

你接受了你有責任同意的生活規範嗎？而且你同意那些規範嗎？一個人需要老師的指導，不就是為了聽從他的教誨來正己身？你已不再年輕，是個完全成熟的大人。如果你還用漫不經心、懶散的態度過日子，凡事一再拖延，做事沒有明確的目標和計畫，那麼，最後你能關心的只有自己，而且不會明白自己沒有任何長進，然後繼續過著庸庸碌碌的生活，直到老死。

你現在就應該下定決心，要活得像個成熟的人，要精益求精，並且讓一切對你來說是最好的事情，成為你必須遵守的法則。

假如出現了任何辛苦、愉快、光榮或不光榮的事情，記住，這是一場競爭，你如同身置於奧林匹克賽事中，沒有時間耽擱了，你的進步或退步，完全取決於你的堅持或放棄。蘇格拉底就是透過這種方式而成為了完美的人，他不斷地精進自己，在凡事上只重視理智。

雖然你還沒有成為像蘇格拉底一樣的哲人，但你過生活的方式，就應該像個希望成為蘇格拉底的人一樣。

順應必然

在任何情況下，我們都應該隨時牢記這些箴言：

噢，命運之神宙斯，請引導我，
走上你囑咐我走的道路：
我已準備好追隨祢。倘若我選擇不遵從，
我便令自己苦命，最後仍必須追隨祢。

只要是懂得順應必然性的人，

我們必稱其為智者，和精通神聖之事的人。

還有第三點：噢，克里托❺，假如這樣能取悅諸神，就讓它這樣吧；安提斯與梅利提斯❻確實能殺死我，但是他們傷害不了我。

---

❺ 克里托（Crito），是古希臘哲學家柏拉圖所寫的對話錄。描述了蘇格拉底和他的朋友阿洛佩斯的克里托之間，關於正義與不公正等的對話。

❻ 安提斯與梅利提斯（Anytus and Melitus），是審判蘇格拉底的兩位原告。這裡引用了柏拉圖〈道歉〉（*Apology*）的詞句。

PART 3
自覺

對事情的看法

令人困擾的並不是事情本身，而是我們對事情的看法。

舉例來說，死亡並不可怕，否則蘇格拉底怎會如此淡然地看待它；是主觀的想法覺得它可怕，它才變成一件可怕的事情。

所以，當我們受到阻撓、干擾或覺得苦惱時，千萬不要把問題歸咎到別人身上，而是要懂得自我反省。

無知的人會把自己的困境歸咎於他人；受過啟蒙的人會把問題歸咎於自己；而受過完整教育的人，不會怪罪他人，也不會責怪自己。

什麼是你的優點

不要為了不是你本身的優點而驕傲。

如果一匹馬為自己感到驕傲，牠說：「我是匹俊馬。」別人或許可以接受。

不過，當你驕傲的說：「我有一匹俊馬。」你必然是在為有一匹好馬而志得意滿，但那不是你本身的優點。

那什麼才是你本身的優點？

是你對事物現象的反應。

如果你對事物的反應和所表達的觀點能感到泰然自若，那麼你就可以為此自豪，因為你是在對自身的優點感到驕傲。

意志

疾病會阻礙身體健康，但不能阻撓我們的意志，除非意志自甘墮落。

跛腳會阻礙腿的行動，但不能阻撓一個人的意志。把這個觀念投射到每件事情上，你會發現，受到阻礙的是事情本身，而不是你自己。

達成目的的能力

對於降臨在你身上的每件事情，你要讓它變成對你有利的順境，所以你要找出令你達到這個目的的能力。

假如你看到俊男美女而動心，你會發現抵抗誘惑的能力是自我節制。

假如你感到疼痛，你會發現抵抗它的能力是忍耐。

假如遇到有人惡言相向，你會發現抵抗它的能力是耐心。

把這個方式培養成良好習慣，你所看到的就再也不會只是事情的表象。

他人的看法

假如你想提升自我，你得忍受別人對你的看法，即使他們認為你愚昧又不懂事。

寧願被人認為你無知，也不要期望別人認為你無所不知。

假如有人覺得你有任何重要性，不要太輕信他的看法。要知道，讓你的心性同時順從自己的本質和外在的要求，並不是件容易的事。畢竟，人若專注於一件事，他必然無法同時顧及另一件事。

你的原則

如果你想研究哲學，你就要做好受到揶揄的心理準備，因為許多人也許會譏諷你說：「他突然間就變成哲學家了呢！」、「他怎麼就變得目中無人了？」……

此時，你不要擺出一副高傲的姿態，而是要謹遵上帝依你的身分所指點的、最適合你的原則。

此外也要記住，如果你能一直秉持堅守這些原則，起初嘲笑你的那些人，到後來都會開始誇讚你。

但如果你在一開始的時候便受不了他們的嘲弄，最後你所得到的，只會是一再的訕笑和譏諷。

付出代價

在你參加的宴會裡，曾看過有人受到歡迎、讚賞，或是受邀參與事情的商議嗎？如果那是好事，你應該為那些人感到高興，但如果是壞事，你也不用為他們難過，因為參與其中的不是你。

如果你做事是為了搏得不在你掌控中的名聲，記住，在同樣的事情上，你不可能被認為和別人具有相等的價值。畢竟，一個人如果不像別人一樣常訪賢請益，不像別人一樣遠遊增廣見聞，不像別人一樣懂得稱頌他人，那他要怎麼擁有和別人一樣的名聲？這就好比你不想花錢買東西，卻想平白無故地擁有一樣，既不公正又貪得無厭。

一棵萵苣值多少錢？也許是一希臘幣。那麼，假設一個人花一希臘幣能換取一棵萵苣，而你不想花一希臘幣，所以你得不到萵苣，但不要以為你得到的比那個取得萵苣的人少，因為他擁有萵苣，而你擁有那枚還沒花掉的希臘幣。

同樣的道理，假設你受邀參加宴席，主人的晚餐不需你花錢換取，但他想換取的是讚美，他想要的是大家的關注。那麼，如果你喜歡他的宴席，就大方讚美吧。

如果你不想付出代價卻想得到好處，你就是個愚蠢又貪婪的人。

不過，除了接受晚餐，難道你就沒有別的選擇嗎？你有。你可以選擇不奉承不想奉承的人，你不用忍受和你不喜歡的人共處一室。

考量後再行動

採取任何行動之前，都要先做全盤的考量，然後再行動。否則，在剛開始的時候你興致高昂地去做，絲毫不考慮後果，等後來問題逐漸顯現出來時，才前功盡棄，你會慚愧得無地自容。

有人希望自己在奧林匹克賽事中獲勝，我也想，因為這是項榮譽，但要先做全盤的考量後，才能開始行動。

你必須遵守每一項規則，吃嚴格規定的飲食，捨棄美味的佳餚，在指定的時間裡練習，不管天冷或天熱，你只能喝涼開水，也不能喝你想喝的酒。換句話說，你必須把自己交給培訓師和治療師，直到進入賽期。

這過程中，有時候你會拉傷手，扭傷腳踝，吞下灰塵，甚或受到無情的責難，而且在經歷了這一切之後，仍然遭受挫敗。

如果這些你都考量過了，卻仍然選擇參與比賽，那就去吧。

但是，如果你沒有做好事前的全盤考量，你的行為便與孩童無異，一會兒玩摔角，一會兒吹長笛，一會兒要鬥劍，一會兒吹小號，然後又想當悲劇演員。

所以，你一會兒是運動員，一會兒是鬥劍士，一會兒是雄辯家，一會兒又是哲學家；但其實你什麼都不是，只不過像隻大猩猩，只會模仿雙眼所看到的，而且樂此不疲。

只因為你做事情並未經過深思熟慮，也沒有好好調查一番，憑的只是草率的決定和三分鐘熱度罷了。就像有人看過哲學家和聽過哲學家說話，如幼發拉底河般滔滔不絕（又有多少人能夠真的這樣做？），就以為這樣說話便能成為哲學家。

我的同胞啊，做事前一定要先弄清楚事情的性質，然後再檢視自己的本質，看看自己是否適合從事那項活動。你想成為一名五項全能運動員或摔角選手嗎？那就看看你的手臂、你的大腿，檢視你的腰部，要知道，每個人各有不同的特質，適合從事的活動也不同。

假如你貿然行事，以為自己跟以前一樣想吃就想、想喝就喝，隨意喜惡，你必定要度過許多無法入眠的夜晚，忍受痛苦，親屬疏遠，連奴隸都會鄙視你，並在名譽、工作和法庭等方面，以及所有細節上都處於劣勢。想想看，這樣的結果值得用你的熱情、自由和平靜來交換嗎？如果不值得，就不要像個孩子一樣，一會兒是哲學家，一會兒是公僕，一會兒是雄辯家，一會兒是國家的行政官員。這些工作根本不是同一個類型，你須擇其一而為，無論好壞。

所以，你若不是要鍛練內在的技能，就是要鍛練外在的技能，也就是說，你要嘛就成為一個哲學家，要不就做個普通人，千萬不要成為兩者之間的半吊子。

處世的標準

要為自己訂立獨處及處世時的品格標準。

謹言慎行是平常的準則，有必要時才說話，且力求精煉。即使在必要時開口說話，也切莫言不及義，不談鬥劍、賽馬、運動、飲食等庸俗話題，尤其不要在背後議論別人，不要私下指責、稱頌或比較。如果可以，你要把同伴的言論引導到合宜的方向，但假如你碰巧涉入陌生人的談話圈子，便應沉默寡言。

不要在太多場合裡放聲大笑。

如果可以，不要賭咒發誓；若不能完全避免，也要盡量拒絕此舉。

避免參加不熟悉和庸俗之人所舉辦的宴會，但萬一非得要出席，需提高警覺，不要讓自己變得和那群人一樣粗俗。要知道，近朱者赤，近墨者黑。

身體的基本需求，如飲食、服裝、住宅等，夠用就好，不要為了炫耀或享受而購置奢侈品。

盡量避免在婚前與對象調情，但假如你縱情於風流韻事，也應做得符合風俗民情、合法合理。然而，你也毋須反對縱情於風流韻事者，或指責他們，也不用大肆吹噓說你本身不愛好此事。

假如有人跟你說某某人說你的壞話，你不用急著為自己辯解，只要回答：「那個人找不到我其他的錯誤，所以只能拿這些來說。」

不必常常去劇院，假如有適合上劇院的時候，不用表現出一副盲目推崇的樣子，秉持平常心即可。換言之，該做什麼便做什麼，該得到讚賞的演員自然會得到讚賞。如此，你的言行才不會遭遇阻礙。

還有，千萬不要咆哮和嘲笑任何人或事，也要避免浮躁的情緒。當你離開劇院的時候，不要評論剛才舞台上的演出，除非那段談話能讓你有所長進。因為當你講得太多時，往往會言過其實。

不要特意去聽別人在誦讀什麼，也不要輕易去打擾他們。但是，如果你剛好在場，便保持肅靜，不要讓別人對你的舉止感到嫌惡。

如果你要和任何人會面，尤其是那些德高望重的人，先想想蘇格拉底或齊諾❼遇到這種情況時會怎麼做，你便能無礙地表現出合宜的言行。

如果你要去拜訪任何位高權重的人，先想像他可能不在家，你可能會被趕出來，吃閉門羹，對方一點兒也不把你放在眼裡。

如果這些你都想到了，還是認為有必要去見他，那麼無論發生什麼事你

❼齊諾（Zeno of Citium），古希臘哲學家，是斯多葛學派的創始人。

都必須要忍受，千萬不要說它不值得你煞費苦心，否則就顯得你很愚蠢，突顯了你容易受到外物的影響。

在群體中談話時，當心不要講太多關於自己的事情或困境，因為你或許覺得談論自己的困境只是一種抒發，但在別人聽來，卻不是那麼悅耳的事情。也不要特意搏取別人的笑聲，因為那是一種粗俗的習慣，也有損別人對你的尊重。此外，談論淫穢的話題也是危險之舉。

不管在什麼時候，有上述任一情況發生時，都要找適當的時機制止這麼做的人，若沒有好的時機，至少也要保持沉默，將羞愧或不滿之情表現在臉上，表示你對此言論感到不悅。

該做或不做的事

當你決定做一件該做的事情時，便去做，即使許多人都持反對意見，也不要怕被他們看到。

假如是不該做的事情，就不要做，但假如是對的事情，你何需害怕那些錯誤地指責你的人？

價值

正如同「現在若不是白天，便是黑夜」這句話在析取論證上是非常重要的，但在連接論證上卻沒有價值。就像在宴會中大吃大喝，雖然能滿足口腹之欲，但對於維繫社交情感卻沒有助益。

因此，當你和別人一起用餐時，記住，不要只顧著眼前的美食能為你帶來多大的歡愉，也要注意你的行為在主人眼中的評價。

實際的能力

如果你所扮演的角色超出你實際的能力，那麼你除了行為不得體外，你也會忽略了你原本可以完成的事情。

謹慎

你在走路時會小心地不去踩到釘子或扭傷腳，同樣的，你也應該秉持相同的態度，小心翼翼地不去損害自己的掌控能力。

如果我們凡事都能如此謹慎，那麼我們一切的行動必定會更加安全。

如果有人傷害你或說你壞話

如果有任何人傷害你或說你的壞話，記住，對方這麼做或這麼說的原因是，他覺得自己有這樣做的責任。他所依循的並不是在你看來合理的標準，而是他自認為有道理的標準。

因此，假如他的看法是錯誤的，那麼受到傷害的人會是他，因為他是被誤解所蒙蔽的人。

要明白，成為障礙的並非錯誤的論點本身，而是被錯誤的論點所蒙蔽的人。假如你能這麼想，你便能寬容那些謾罵你的人，因為你不管遇到什麼情況都會說：「這件事情在他看來便是如此罷了。」

背後的真相

假如有人洗澡洗得快，別說他這樣洗澡是錯的，你只能說他洗得很快。

假如有人喝酒喝得多，別說他這樣喝酒是錯的，你只能說他酒喝得多。

在你批評他人的行為之前，假如沒有去了解事情背後的真相，你怎麼會知道他到底是對是錯？

因此，我們不能單憑事情的表象去做判斷，就直斷地說某個人做事的方法是錯的。

賣弄學問

千萬別稱自己是哲學家，也別向泛泛之輩說太多的大道理，只要跟著別人做一樣的事情就好。例如，在宴席間不高談闊論該怎麼飲食，只要靜靜的用餐即可，因為即便是蘇格拉底，也會避免賣弄學問。

人們請蘇格拉底引薦哲學家，他便幫忙引薦，並不在意自己的學識被忽略。因此，如果遇到有人在談論任何道理，你通常保持沉默就好，否則，急著把尚未完全消化的知識吐出來，是相當危險的事情。

一旦有人說你不學無術，而你卻不生氣，那麼你便開始像個哲學家了。

綿羊不會為了讓牧羊人知道牠們吃了多少東西，而把吃掉的草吐出來，牠們會慢慢地消化牧草，最後產出羊毛和羊奶。

所以，你根本不用在平庸之輩面前賣弄學問，而是自然地呈現出你消化學問之後的言行舉止即可。

把自己當成敵人

平庸之人的心態和個性，就是從不覺得好處或傷害是自己造成的，而是由外界所形成的。但哲學家正好相反，他認為情況無論好壞都要由自己負責。

一個個性成熟的人，不會輕易責怪、讚美、歸咎和譴責別人；不會把自己說成多麼了不起的人物，或深知什麼學問的人。

當他遇到障礙或阻撓時，他只會責怪自己；若是有人讚美他，他會謙虛地說對方謬讚了。

如果有人責備他，他也不會為自己辯解；他外表雖然看似軟弱，實則是小心翼翼地不去觸碰任何尚未確定的事情。

他摒除所有的欲念，努力不產生嫌惡的心理；他用適當的節奏處理任何事情，被別人當成傻瓜或無知者也不在乎。

總而言之，他把自己當成敵人一般，埋伏在草叢裡，注意著自己的一舉一動。

值得驕傲？

每當有人因為自己能夠明白和解說克律西波斯❽的著作，而感到驕傲時，你要對自己說，要不是克律西波斯的文章寫得條理分明，那個人能拿什麼來炫耀他的驕傲？

假設我想了解人的天性，並且遵循這樣的天性，但我需要有人來為我解

❽克律西波斯（Chrysippus）是斯多葛派哲學家。是一位多產的作家，他擴展了斯多葛派創始人齊諾的學說，而這為他贏得了斯多葛主義第二任創始人的頭銜。

說，然後我聽說克律西波斯懂得這個道理，於是我求教於他的著作。然而，我看不懂他所寫的東西，於是我又找人來解說他的著作。

事情不過如此而已，沒有什麼好驕傲的。而且找到解說者後，剩下的就是理解的部分，這才是唯一值得驕傲的地方。

不過，假如我讚賞的是他的解說，那麼，除非我能解釋克律西波斯的思想，而不是像讀荷馬的詩一樣，只懂得吟誦作品，那我豈不僅僅是一個文法學者，而不是哲學家？

因此，當有人要求我教他讀克律西波斯的著作，而我的言行與書裡的言論不一致的話，我可要慚愧得面紅耳赤。

最重要的部分

哲學中第一個、也是最重要的部分，就是原則的運用，例如：我們不該說謊。第二部分是論證，例如：要怎麼證論我們不該說謊？第三部分是確認這兩者，並做出解釋，例如：這是如何證明的？

何為證明，何為結果，何為矛盾，何為真實，何為虛假？第三部分所根據的必定是第二部分，第二部分所根據的必定是第一部分，而最重要、且最應該強調的重點是第一部分。

然而，由於我們把時間和精神都放在第三部分上，以致於我們完全忽略了第一部分，因此我們會說謊，但我們又已經論證出不該說謊的結論。

作為宇宙世界的一部分，
人有責任照顧所有的人類同胞。